CATALOGUE

DE

TABLEAUX

ANCIENS,

DONT PLUSIEURS DES PREMIERS MAITRES,

des Écoles Italienne, Flamande, Hollandaise, Allemande, Française et Anglaise,

ET DE DEUX GROUPES EN MARBRE,

DONT LA VENTE AURA LIEU

Par suite de cessation de commerce, complète et définitive,

de M. Henry COUSIN, ancien Négociant,

HOTEL DES VENTES MOBILIÈRES,

RUE DES JEUNEURS, N° 42,

Grande salle n. 1,

LE LUNDI 21 MARS 1853,

à une heure,

Par le ministère de Me **BONNEFONS DE LAVIALLE,**
Commissaire-Priseur, rue de Choiseul, 11,
Assisté de M. HENRY **COUSIN**, ancien Négociant,
rue Saint-Honoré, 335,
Chez lesquels se distribue le présent Catalogue.

EXPOSITION PUBLIQUE

Le Dimanche 20 Mars, veille de la vente, de midi à cinq heures.

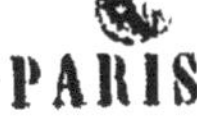

PARIS

MAULDE & RENOU

IMPRIMEURS DE LA COMPAGNIE DES COMMISSAIRES-PRISEURS,
rue de Rivoli prolongée, au coin de la rue de l'Arbre-Sec.

1853

CONDITIONS DE LA VENTE.

Elle sera faite au comptant.

Les acquéreurs paieront, en sus des adjudications, 5 centimes par franc applicables aux frais de vente.

CE CATALOGUE SE DISTRIBUE

A PARIS,

Chez Me Bonnefons de Lavialle, commiss.-priseur, rue de Choiseul, 11;
M. H. Cousin, ancien négociant, rue Saint-Honoré, 335.

ET DANS LES VILLES SUIVANTES :

Londres..............	Farer, Smith et Mawson.
Bruxelles............	Et. Leroy et Héris.
Anvers...............	Verlinden et Van Regmorter
Amsterdam......	Brondgeest et de Lelie.
La Haye..............	Enthoven.
Rotterdam............	Lamme.

La Vacation étant très chargée, la vente commencera à une heure précise.

AVANT-PROPOS.

Avec la volonté bien arrêtée de me retirer définitivement des affaires, je me suis défait, par différents moyens, d'un grand nombre de tableaux que je n'aurais pas vu avec plaisir figurer dans ma vente : voilà pourquoi le Catalogue de mon fonds de commerce ne renferme que 75 numéros.

Je ne me hasarderai pas de dire que la qualité tiendra lieu de la quantité ; ma position vis-à-vis du public, comme propriétaire des tableaux, m'impose l'obligation de m'abstenir de tout éloge ; je me bornerai donc à citer les noms des principaux maîtres qui figurent dans la notice, pour démontrer que cette vente ne sera pas tout à fait dénuée d'intérêt ; les voici :

Albane, Albert Cuyp, Gérard Dow, Hackert, Herman d'Italie, Moucheron, Netscher, Adrien Van Ostade,

Pater, Plazer, Prud'hon, Rubens, Téniers, Joseph Vernet, Watteau, Winantz, Ph. Wouwermans, etc.

En me déterminant à faire vendre publiquement tous les tableaux qui me restent, je ne me suis pas dissimulé les chances défavorables qui peuvent m'atteindre ; mais mon parti est irrévocablement pris, et je prends l'engagement de les abandonner tous, sans restriction, à la chaleur des enchères.

J'ai aussi pris la résolution de me livrer, désormais, aux ventes d'objet d'art, comme expert-appréciateur ; dégagé des soins du commerce, je pourrai me livrer tout entier et avec mon activité naturelle aux intérêts des personnes qui voudront bien m'honorer de leur confiance.

Henry COUSIN.

DESCRIPTION

DES TABLEAUX

ÉCOLE ITALIENNE.

ALBANE (François).

1 — Les trois Marie au tombeau du Seigneur.

L'aube du jour éclaire cette belle composition que l'Albane s'est plu à reproduire plusieurs fois, mais toujours avec des changements notables.

L'une de ces répétitions, beaucoup moins capitale et dans des proportions réduites, a figuré à la vente du cardinal Fesch; elle ne représentait que les quatre figures principales, les trois Marie et l'Ange placé sur les marches du sépulcre.

L'artiste, pour combler le vide qu'on remarquait avec regret dans le tableau du cardinal, a ajouté dans celui-ci trois jolies têtes de chérubins au-dessus du tombeau et trois anges dans les airs, dont un, séparé des deux autres, tient à la main la bannière de Gênes.

Notre tableau est cité dans un ouvrage publié à Gênes, en 1788, intitulé : *Description des beautés de Gênes et de ses environs*, et dans lequel on voit page 62, qu'il figurait dans le deuxième salon du palais Grimaldi; d'un autre côté, j'ai entre les mains un certificat délivré par M. Horsin d'Eon, constatant qu'il a fait l'acquisition de ce tableau, du commettant de la famille Grimaldi, lors de son voyage en Italie, en 1847; conséquemment son originalité pas plus que sa provenance ne peuvent être révoquées en doute.

Le certificat de M. Horsin d'Eon, sera remis à l'acquéreur du tableau.

Toile. — Haut. 1 m. 24 c. Larg. 1 m. 62 c.

CANALETTI.

2 — Vue de Venise.

Au-delà du canal, dont les eaux baignent l'avant-scène, le peintre a représenté le pont de Rialto.

Toile. — Haut. 0 m. 35 c. Larg. 0 m. 56 c.

DU MÊME.

3 — Autre vue de Venise.

Des palais et édifices publics occupent le quai du côté gauche; en face, de l'autre côté du canal, on aperçoit la jolie église del Salute qui se distingue par la belle architecture de son portail.

Toile. — Haut. 0 m. 35 c. Larg. 0 m. 56 c.

DU MÊME (ÉCOLE).

4 — Deux vues de Venise, faisant pendants.

Toile. — Haut. 0 m. 50 c. Larg. 0 m. 74 c.

PRIMATICE (François).

5 — Les bains de Cléopâtre.

Ce tableau capital, par la bizarrerie de sa composition, ne serait pas déplacé dans un cabinet de curiosités.

Bois. — Haut. 1 m. 00 c. Larg. 1 m. 20 c.

UGGIONE (Marc d').

6 — La Vierge et l'Enfant-Jésus.

La Mère de Dieu est assise, le bras gauche appuyé sur une balustrade, et tient sur ses genoux son divin Fils.

Cette gracieuse composition rappelle le beau pinceau de Léonard de Vinci, dont Marc d'Uggione était un des bons élèves.

Bois. — Haut. 0 m. 55 c. Larg. 0 m. 44 c.

VÉRONÈSE (Alexandre).

7 — Portrait d'une dame vénitienne.

Elle tient un éventail à la main.

Toile. — Haut. 1 m. 28 c. Larg. 0 m. 95 c.

ÉCOLES FLAMANDE, HOLLANDAISE ET ALLEMANDE.

ARTOIS (Jacques Van).

8 — Paysage traversé par une rivière.

Deux personnages de distinction, accompagnés de coureurs et suivi d'une meute de chiens, se livrent au plaisir de la chasse.

Figures par Van Tulden.

Toile. — Haut. 1 m. 15 c. Larg. 1 m. 98 c.

DU MÊME.

9 — Paysage avec rivière tombant en cascade et enrichi d'un grand nombre de jolies figures, par François Bout.

Toile. — Haut. 0 m. 95 c. Larg., 1 m. 28 c.

BERKHEYDEN (Guérard).

10 — Vue prise à Amsterdam.

A l'extrémité d'un canal, qui s'enfonce en ligne droite, on aperçoit le clocher d'une église située derrière un pont de bois.

Les deux quais plantés d'arbres sont bâtis en briques et représentent des maisons et des édifices publics parmi lesquels on remarque à gauche un temple couronné d'un dôme recouvert en ardoises. Des vaisseaux de différentes grandeurs sont amarrés aux deux rives. Enfin les jetées en bois, qui occupent le premier plan et forment l'entrée du canal, sont animées par de jolies figures dues au pinceau de Job Berkheyden.

Toile. — Haut. 0 m. 56 c. Larg. 0 m. 68 c.

BOUT et BAUDEWYNS.

11 — Kermesse.

Un nombre considérable de figures animent cette jolie composition.

On y remarque beaucoup d'animation et une grande vérité de gestes dans chaque personnage.

Toile. — Haut. 0 m. 34 c. Larg. 0 m. 48 c.

BRAKEMBURG (Renier).

12 — Le moine entreprenant.

Composition de quatre figures.

Un paysan, placé sous le manteau de la cheminée, regarde avec surprise les témérités du moine.

Bois. — Haut. 0 m. 22 c. 5 m. Larg. 0 m. 18 c.

CUYP (Albert).

13 — Portrait équestre de Maurice de Nassau, sur un fond de paysage.

On aperçoit à l'horizon les dunes qui protègent la Hollande contre les envahissements de la mer.

Bois. — Haut. 0 m. 77 c. Larg. 0 m. 60 c.

DIÉTRICH (Christian-Guillaume).

14 — La présentation au Temple.

Composition capitale traitée à la manière de Rembrandt.

Bois. — Haut. 0 m. 82 c. Larg. 0 m. 66 c.

DU MÊME.

15 — Tête de moine très habillement touchée et d'une grande puissance de couleur.

Toile. — Haut. 0 m 55 c. Larg. 0 m. 46 c.

DU MÊME.

16 — Saint-Jérôme.

Le saint est agenouillé au pied d'un rocher, devant un livre ouvert, et tenant un crucifix à la main.

Bois. — Haut. 0 m. 20 c. Larg. 0 m. 25 c.

DU MÊME.

17 — Le nid d'oiseaux.

Sur un banc de gazon, au pied d'un monticule de terre, une jeune villageoise est assise appuyée sur les genoux de son amant qui lui présente un nid d'oiseaux.

Bois. — Haut. 0 m. 23 c. Larg. 0 m. 18 c.

DOW (Gérard).

18 — La mère de l'artiste placée derrière un appui de croisée.

Elle est coiffée d'un béguin et porte une casaque en velours noir recouvrant une guimpe blanche montante.

Ce précieux petit portrait faisait partie d'une collection de Rotterdam et a été apporté en France par M. Et. Leroy de Bruxelles.

Bois. — Haut. 0 m. 17 c. Larg. 0 m. 12 c. 5 m. forme cintrée.

EVERDINGEN (Eldert Van).

19 — Plage au pied d'un rocher, sur lequel plusieurs personnages s'entretiennent de ce qu'ils voient au loin.

Au second plan est un village entouré d'arbres au-dessus duquel on aperçoit la mâture de plusieurs navires à l'ancre le long de la côte. Quelques barques et un bâtiment à voile sillonne le fleuve. Cette composition exceptionnelle pour Everdingen, rappelle la manière de Jacques Ruysdael.

Bois. — Haut. 0 m. 58 c. Larg. 0 m. 60 c.

FLINCK (Govaert).

20 — Vénus vêtue d'un simple manteau de velours rouge, et la main droite appuyée sur une balustrade, presse de l'autre main un de ses seins, de manière à en faire jaillir le lait. L'Amour, le carquois sur l'épaule et armé de son arc prêt à lancer une flèche, la consulte du regard et paraît attendre ses ordres.

Bois. — Haut. 0 m. 75 c. Larg. 0 m. 61 c.

GRIFFIER (Jean).

21 — Vue du Rhin.

Un paysan, conducteur d'un troupeau de vaches et de moutons, est arrêté à l'entrée d'un bois et fait la conversation avec une femme assise au bord de la route et allaitant son enfant.

Bois. — Haut. 0 m. 29 c. Larg. 0 m. 40 c.

DU MÊME.

22 — Pendant du précédent.

Des paysans paraissent se reposer à la sortie d'un bois; plus loin, d'autres paysans continuent leur marche, les uns montés sur des chevaux chargés de marchandises, les autres à pied.

Bois. — Haut. 0 m. 29 c. Larg. 0 m. 40 c.

HACKERT.

23 — **Paysage d'une grande richesse de végétation bornée à l'horizon par une chaîne de montagne.**

Sur une route, au pied d'un haut monticule couronné d'arbres, deux villageois portent chacun un panier, l'un sur la tête et l'autre au bras ; plus loin, un troisième paysan conduit une vache, et une femme montée sur un âne, chasse devant elle un troupeau de moutons.

Les figures me paraissent appartenir à l'école de Berghem.

Toile. — Haut., 0 m. 79 c. Larg. 0 m. 91 c.

HERMAN D'ITALIE.

24 — **Paysage.**

Deux personnages, homme et femme, sont assis sur une butte de terre au pied d'un arbre; plus loin un paysan et deux paysannes dont une montée sur un âne, suivent la route dans la direction d'une mare d'eau où paissent quelques moutons.

Toile. — Haut. 0 m. 50 c. Larg. 0 m. 60 c.

DU MÊME.

25 — **Cours d'eau encaissé entre une chaîne de montagnes boisées et un chemin tournant sur lequel des voyageurs, formant différents groupes, sont en marche. L'un d'eux paraît adresser la parole à un pâtre assis avec son chien près d'un buisson à l'angle du chemin.**

Toile. — Haut. 0 m. 55 c. Larg. 0 m. 55 c.

HOET (Gérard).

26 — Le jugement de Pâris.

Toile. — Haut. 0 m. 32 c. Larg. 0 m. 40 c.

HONDEKOETER (Genre de)

27 — Tableau de nature morte.

Un coq, un canard, des pigeons et d'autres petits oiseaux morts, sont étendus à terre à côté de différents légumes et de fruits, sortant d'un panier renversé.

Sans pouvoir affirmer que ce tableau soit positivement de Hondekoeter, toujours est-il qu'il appartient à un pinceau très exercé dans ce genre de peinture.

Toile. — Haut. 0 m. 92 c. Larg., 1 m. 2 c.

LAENEN (Christophe-Jean Van der).

28 — Sous une treille, à la porte d'une maison de campagne, une société d'élite se livre au plaisir de la table. La galanterie paraît faire les frais de toutes les conversations.

Bois. — Haut. 0 m. 72 c. Larg. 1 m. 2 c.

MIEL (Jean).

29 — L'artiste, dans son atelier, est occupé à peindre une scène de mascarade. On voit dans un cadre suspendu à la muraille le portrait de P. de Laar dit Bamboche.

Toile. — Haut. 0 m. 40 c. Larg., 0 m. 48 c.

MIREVELT (Michel).

30 — Portrait d'Ambroise Paré, médecin de Charles IX, avec le costume de l'époque.

Il a la main droite appuyée sur un livre relié en parchemin.

Toile. — Haut. 1 m. 5 c. Larg. 0 m. 77 c.

MOLNAERT (Cornille).

31 — Plusieurs paysans sont réunis à la porte d'un cabaret portant l'enseigne du *Cigne*. L'un d'eux, revêtu d'une blouse blanche et portant une plume à son chapeau, paraît être déjà dans une complète ivresse ; derrière lui, un autre campagnard, en belle humeur, chante en ouvrant démesurément la bouche.

Cette composition est traitée dans le style de Teniers.

Bois. — Haut. 0 m. 55 c. Larg. 0 m. 72 c.

MOUCHERON (Fréderich).

32 — Au-dessous d'un pont que traverse un convoi de mulets et qui aboutit à une tour carrée, servant de porte d'entrée, un pâtre fait abreuver un troupeau de vaches, de chèvres et de moutons.

La finesse des tons du ciel répand sur ce riche paysage

une harmonie chaleureuse qu'on ne rencontre ordinairement que dans les beaux ouvrages de Jean Both.

Nous attirons aussi l'attention des amateurs sur la beauté des figures du premier plan.

Toile. — Haut. 1 m. 11 c. Larg. 0 m. 96 c.

NETSCHER (Constantin).

33 — Sur un perron orné de vases sculptés avec des bas-reliefs, une dame élégamment vêtue en satin de différentes couleurs, est assise sur un banc de pierre et tient sur ses genoux une corbeille remplie de pêches, à ses pieds un épagneul paraît vouloir jouer avec sa maîtresse. A sa droite, un gentilhomme hollandais, en riche négligé du matin, est debout et appuyé sur un piédestal qui la sépare de sa dame.

Le fond du tableau représente des jardins, une statue en pied et la façade d'un palais.

Cette riche composition a longtemps été attribuée à J.-B. Weeninx.

Toile. — Haut. 1 m. 00 c. Larg. 1 m. 9 c.

OSTADE (Adrien Van).

34 — La Tabagie.

Ce tableau a fait partie de la collection du colonel Biret, dont la vente a été faite par M. Héris les 25 et 26 mars 1841, et a été adjugé à 4,900 fr.

Voici comment il est décrit n° 32 du catalogue :

« Dans la chambre rustique d'un cabaret de village on « voit un paysan qui, assis sur un escabeau, allume sa

« pipe à un réchaud qu'il tient à la main; l'hôte de la « maison est debout devant lui, appuyé sur le dos d'une « chaise de paille, et semble lui adresser la parole; plus « loin, d'autres paysans sont assis autour du foyer d'une « cheminée. Ce tableau est d'une très-belle qualité et en« richi d'une multitude d'accessoires rendus avec cette « vérité pittoresque qui distingue les productions de ce « grand coloriste.

« Il provient de la collection de M Tardira. »

Bois. — Haut. 0 m. 27 c. Larg. 0 m. 33 c.

PLAZER (F.-J.).

34 — **Le festin de Cléopâtre.**

Depuis la vente du chevalier Erard, en 1832, il n'a pas paru, en vente publique, de composition aussi capitale de ce maître; la raison en est bien simple, c'est que ses tableaux importants sont d'une extrême rareté et que très peu de cabinets particuliers en possèdent. Pour mon compte je n'en connais que deux à Paris, qu'on voit dans la collection de M. Leroy d'Etiole et qui représentent l'Enlèvement de Déjanire et Ariane consolée par Bacchus.

Comme ceux de la vente Erard, notre tableau étonne par la multitude des objets qu'il représente et par l'extrême fini qu'on admire, non-seulement dans les figures, mais encore dans toutes les parties de la composition, et il a sur eux l'avantage de représenter un sujet beaucoup plus gracieux.

Cuivre. — Haut. 0 m. 37 c. Larg. 0 m. 51 c.

PORBUS (Genre de).

36 — **Portrait d'homme portant toute sa barbe, justaucorps noir avec fraise, chapeau légèrement retroussé et rond au sommet.**

Il porte la date de 1573.

Bois. — Haut. 0 m. 37 c. Larg. 0 m. 24 c.

QUELLYN (ERASME), élève de Rubens.

37 — **L'adoration des Bergers.**

La lumière douce et harmonieuse qui règne sur l'ensemble de la composition, décèle la main d'un grand coloriste.

Bois. — Haut. 0 m. 53 c. Larg. 0 m. 73 c.

RUBENS (PIERRE-PAUL).

38 — **Portrait de sa première femme, Elisabeth Brants. Elle est coiffée d'une toque recouverte d'un voile qui retombe sur l'épaule droite et porte un collier en perles blanches.**

L'annonce d'un tableau de Rubens, en vente publique, rencontre souvent de nombreux contradicteurs. La tête que nous présentons aujourd'hui provient de la vente de la belle collection du prince Trubetzkoi à Saint-Pétersbourg, et passa ensuite dans le cabinet du prince G..., ambassadeur de Russie près d'une cour d'Allemagne. Je puis garantir cette dernière provenance, puisque je l'ai acquis en échange directement du prince G..., à mon dernier voyage en Allemagne.

Toile. — Haut. 0 m. 56 c. Larg. 0 m. 41 c.

RUISCH (RACHEL).

39 — **Pêches, raisins et châtaignes sur une table de marbre.**

Toile. — Haut. 0 m. 31 c. Larg. 0 m. 20 c.

RUYSDAEL (Salomon).

40 — Jolie petite marine, mer calme sillonnée de barques et de légers bâtiments à voiles A gauche, à l'horizon, on aperçoit un village de la Hollande.

Bois. — Haut. 0 m. 36 c., Larg. 0 m. 32 c.

DU MÊME.

41 — Paysage sur les bords de la Meuse.

Un homme vêtu d'une casaque rouge, ayant à ses côtés un chien de forte race, est assis au premier plan, sur un banc de pierre; derrière, sous la voûte d'une porte de ville, deux personnages sont en marche pour en sortir.

Plusieurs barques de pêcheurs complètent cette composition capitale, remarquable par sa grande richesse de végétation.

Toile. — Haut. 1 m. 5 c. Larg. 1 m. 45 c.

SCHUT (Cornille).

42 — Le triomphe d'Amphitrite.

Et pour pendant,

L'Amour qui se forge des flèches.

Ces deux gracieuses compositions sont mentionnées dans la galerie des peintres flamands et hollandais, par Le Brun.

Le premier de ces tableaux y est gravé, et l'on voit, tome 1er, page 18, que tous les deux appartenaient au cabinet de Gaguy, et qu'ils furent vendus, sous le n° 1667, 2,400 livres, mais l'auteur fait remarquer qu'on les avait attribués à G. de Lairesse.

Toile. — Haut. 0 m. 37 c. Larg. 0 m. 45 c.

TENIERS (David).

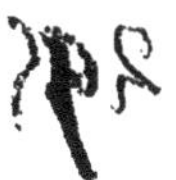

43 — La mort de Léandre. (Pastiche).

Toile. — Haut. 0 m. 44 c. Larg. 0 m. 53 c.

TOLL (Dominique Van).

44 — Une servante hollandaise tenant une cruche de grès à la main, s'apprête à puiser de l'eau dans un puits ; à ses côtés un chien, monté sur un banc, montre les dents pour défendre un os qu'il tient sous ses pâtes. Des ustensiles de ménage, un vase de fleurs et des branches de vignes complètent cette composition traitée à la manière de G. Dow.

Bois. — Haut. 0 m. 26 c. Larg. 0 m. 23 c.

VERWITT (François).

45 — Betzabée au bain.

Descamps mentionne que ce peintre a su rendre ses paysages agréables, la plupart d'un ton clair, en y introduisant des portions d'architecture de fort bon goût. La remarque de cet historien est ici complétement justifiée.

Bois. — Haut. 0 m. 49 c. Larg. 0 m. 37 c.

WILDENS (Jean).

46 — Paysage d'un effet magique.

On aperçoit sur les divers plans qui se succèdent à perte de vue, un grand nombre de villages et d'habitations isolées. Une attaque de voleurs est représentée à droite à l'entrée d'un bois.

Figures par Pierre Snayers.

Toile. — Haut. 1 m. 15 c. Larg. 1 m. 87 c.

WINANTZ (Jean).

47 — Près d'une habitation entourée d'un massif d'arbres et sur un monticule recouvert de verdure un berger, assis, fait paître un troupeau de moutons. Au versant de ce monticule, des terrains éboulés vont aboutir à un chemin tournant cotoyant une rivière au-delà de laquelle on aperçoit une ville enveloppée d'arbres et située au pied d'une chaîne de montagnes

Le chemin est animé par la présence de plusieurs voyageurs.

Le devant du tableau, à gauche, est occupé par deux arbres qui se croisent, dont l'un a les extrémités des branches brisées, et par de belles plantes de premier plan.

Les figures de ce charmant paysage sont dues au pinceau de Lingelbac.

Toile. — Haut. 0 m. 56 c. Larg. 0 m. 77 c.

WOUWERMANS (Philippe).

48 — Le Voyageur.

Au pied d'une butte de terre couronnée d'un bouquet d'arbres, une famille de bohémiens composée de l'homme et de la femme et de deux enfants, est groupée par terre ayant à ses côtés un chien et un paquet attaché à un bâton ; la mère est occupée à donner le sein au plus jeune de ses enfants.

Un voyageur monté sur un cheval blanc passe devant eux et les regarde d'un air de compassion ; il cherche dans sa poche quelques pièces de monnaie qu'il va s'en doute leur jeter. Derrière lui un autre mendiant, la besace sur le dos et le chapeau à la main, s'avance pour recevoir l'aumône. On voit de plus, à droite sur le sommet d'une colline, plusieurs habitations et plus bas, au pied de cette même colline, des masures et quelques petites figures.

Bois. — Haut. 0 m. 46 c. Larg. 0 m. 56 c.

WOUWERMANS (Pierre).

49 — **Le Maréchal-ferrant.**

A la porte d'une masure recouverte en chaume, un jeune garçon est placé à la tête d'un cheval qu'il contient en lui serrant les naseaux, tandis que son maître est occupé à le ferrer.

Plus loin, un voyageur arrive enveloppé dans son manteau pour se garantir des rigueurs de la saison.

Toile. — Haut. 0 m. 48 c. Larg. 0 m. 37 c.

ZORG (Henry).

50 — **Un garçon de ferme est occupé à charger des légumes dans une brouette.**

Ce petit tableau porte la date de 1651.

Bois. — Haut. 0 m. 20 c. Larg. 0 m. 24 c.

ÉCOLE FRANÇAISE.

BON BOULOGNE.

51 — Tableau en forme de frise, représentant le naufrage de Télémaque.

Très belle esquisse.

Toile. — Haut. 0 m. 27 c. Larg. 0 m. 69 c.

CHALON.

52 — Paysage montagneux : une rivière tombe en cascades entre deux massifs d'arbres et vient former, sur le premier plan, une nappe d'eau où se trouvent réunies un grand nombre de jeunes et jolies baigneuses.

Le paysage est traité dans la manière de Glauber, à qui je l'avais d'abord attribué avant la découverte de la signature et la date de 1725.

Toile. — Haut. 0 m. 37 c. Larg. 0 m. 34 c.

CHAMPAIGNE (Philippe de).

53 — Portrait du président Lambert.

On le voit dans l'intérieur de l'hôtel qu'il a fait construire et qui a conservé son nom dans l'isle Saint-Louis.

Toile. — Haut. 1 m. 17 c. Larg. 0 m. 90 c.

CHARDIN (Genre de).

54 — Dans une chambre encombrée de différents ustensiles de ménage, une jeune mère entourée de ses enfants, donne la bouillie à l'un d'eux couché dans son berceau, elle présente une poire à une petite fille qui tend les mains pour la recevoir. Son troisième enfant assis dans une chaise à fermoir, s'amuse avec un chat qu'il tient serré dans ses bras.

Rien de plus naïf que cette scène de famille qui rappelle tout à la fois le style et le pinceau de Chardin.

Toile. — Haut. 0 m. 86 c. Larg. 0 m. 96 c.

DEBAR (Bovaventure).

55 — Fête de village.

Composition des plus capitales, renfermant plus de deux cents figures toutes en action, et formant différents groupes où sont représentés les plaisirs des champs.

Les principaux personnages de cette fête se trouvent à droite et sont abrités par un bouquet d'arbres.

Ce tableau est une esquisse assez avancée de celui qui figure au Louvre dans la galerie française; il a toujours passé jusqu'ici pour être de Pater, mais nous avons cru devoir le restituer à son véritable auteur.

Toile. — Haut. 0 m. 98 c. Larg. 1 m. 31 c.

DREUX-DORCY.

56 — Tête de jeune fille. (Pastel).

Haut. 0 m. 47 c. Larg. 0 m. 37 c.

Mme FRANQUEBALME, née Henriette Cousin.

56 Bis. — La Vierge à la Grappe, d'après Mignard.

JEAURAT.

57 — Jeune garçon à la mine éveillée, coiffé d'un tricorne.

Manière de Chardin.

Toile. — Haut. 0 m. 47 c. Larg. 0 m. 39 c.

LAHIRE (Laurent de).

58 — Paysage dans le style de Claude Lorrain.

Une étiquette collée au dos du tableau indique qu'il faisait partie du domaine privé, Palais national, n° 236.

Toile. — Haut. 0 m. 65 c. Larg. 0 m. 87 c.

LANCRET (Nicolas).

59 — Repas champêtre au pied d'une terrasse.

Provient du château de Neuilly, vente du roi Louis-Philippe.

Toile. — Haut. 1 m. 90 c. Larg. 1 m. 32 c.

DU MÊME.

60 — Le baiser rendu.

Sujet tiré des contes de Lafontaine.

Ces deux charmants tableaux conviennent parfaitement à l'ornementation d'un salon.

Toile. — Haut. 0 m. 72 c. Larg. 0 m. 90 c.

LESUEUR (Eustache) et GOULAI (Théodore), son beau-frère.

61 — Joseph expliquant les songes de Pharaon.

Ce tableau faisait partie d'une suite peinte par les frères Lesueur pour M. Lecoigneux. Le personnage placé à gauche est le portrait d'Eustache Lesueur. Lesueur ne travaillait pas seul à ses tableaux, il était secondé par son beau-frère Th. Goulai et ses trois frères, Pierre, Philippe et Antoine. (Voyez Florent Lecomte, tome 3, page 80), collection de M. Doncœur.

Toile. — Haut. 0 m. 96 c. Larg. 1 m. 29 c.

MALLET (Jean-Baptiste).

62 — Vénus et Ascagne.

Tableau traité dans la manière de Prud'hon.

Toile. — Haut. 0 m. 45 c. Larg. 0 m. 37 c.

NATTIER (Jean-Marc).

63 — La chasteté de Joseph.

Ce tableau est gravé par Beauvarlet.
La gravure sera livrée à l'acquéreur.

Toile. — Haut. 0 m. 72 c. Larg. 0 m. 91 c.

PATER (Jean-Baptiste).

64 — Un jeune seigneur présente une corbeille de fleurs à une dame assise à ses côtés sur un banc de gazon ; son regard distrait se porte sur deux enfants placés à sa droite et qui

s'amusent avec un chien. Derrière ce groupe, une dame avec son cavalier, debout, les bras entrelacés et appuyés l'un sur l'autre, tournent la tête pour observer ce qui se passe à leur côté. Une troisième dame plus rapprochée d'un massif de verdure, élève le bras pour cueillir des roses mélangées à des plantes grimpantes.

A gauche, sur un plan plus éloigné, plusieurs autres dames avec leurs cavaliers, diversement groupés, prennent le frais sous un bouquet d'arbres et paraissent se livrer à des conversations très animées. Le fond du tableau représente des habitations champêtres.

Rien de plus agréable que cette charmante composition.

Toile. — Haut. 0 m. 45 c. Larg. 0 m. 54 c.

DU MÊME.

65 — Intérieur. Sujet tiré des Contes de Lafontaine :

« On ne s'avise jamais de tout. »

Bois. — Haut. 0 m. 23 c. Larg. 0 m. 29 c.

PRUD'HON (PIERRE-PAUL).

66 — Héro et Léandre.

On les voit réunis dans un temple antique éclairé par le flambeau de l'hyménée.

Des Amours soulèvent malicieusement une draperie qui les cachent à leurs regards.

Toile. — Haut. 1 m. 26 c. Larg. 0 m. 87 c.

DU MÊME.

67 — Le char de Vénus. (Esquisse).

Les tableaux de Prudhon sont souvent contestés parce qu'ils ont été copiés avec succès par des artistes de mérite. Sans vouloir ici imposer mon opinion d'une manière absolue, je dirai cependant que pour la formuler avec plus de certitude, j'ai consulté celui de ces artistes qui l'a copié avec le plus de bonheur, et je déclare, en toute humilité, que je n'ai fait l'acquisition de ces tableaux qu'après m'être assuré que son opinion était, en tout point, conforme à la mienne.

Toile. — Haut. 0 m. 66 c. Larg. 1 m. 20 c.

VERNET (Joseph).

68 — La Tempête.

Un vaisseau vient se briser contre la jetée à l'entrée d'un port d'Italie. La foudre, qui éclate dans ce moment d'effroi, rend plus émouvantes encore les différentes scènes du drame que le peintre a représentées. Ce tableau est gravé par Balichon.

Toile. — Haut. 0 m. 97 c. Larg. 1 m. 35 c.

VOUET (Simon).

69 — Allégorie représentant la Paix et l'Abondance.

Toile. — Haut. 1 m. 46 c. Larg. 1 m. 21 c.

WATTEAU (Antoine).

70 — Dessus de porte.

L'un des Quatre Éléments, le Feu, représenté par une

jeune et jolie femme qui enflamme des feuilles sèches à l'aide d'une lentille.

Collection de M. Casimir-Périer, ancien ministre.

Toile. — Haut. 0 m. 94 c. Larg. 1 m. 12 c.

DU MÊME.

71 — Portraits de deux acteurs portant les costumes de Gilles et Arlequin.

Ce tableau a appartenu à Mademoiselle Anaïs du théâtre Français.

Toile. — Haut. 0 m. 90 c. Larg. 0 m. 72 c.

ÉCOLE ANGLAISE.

GAINSBOROUGH.

72 — Portrait de la reine Charlotte, femme de Georges III.

Elle est debout, revêtue du costume royal et ayant la main gauche appuyée sur la couronne d'Angleterre placée sur un coussin en velours à gland richement brodé et reposant sur une table.

Derrière on aperçoit le fauteuil royal dont le dossier représente les armes britanniques, ainsi qu'une colonne faisant partie de l'intérieur d'un palais.

Toile. — Haut. 1 m. 76 c. Larg. 1 m. 20 c.

MARBRES SCULPTÉS.

SERGELL, sculpteur du roi de Suède.

73 — Mort d'Othriades.

Othriades, Spartiate, resta seul de trois cents de ses compagnons qui combattirent et tuèrent autant d'Arcadiens. Le vainqueur dépouilla les morts, rapporta leurs armes dans son camp, revint sur le champ de bataille, y éleva un trophée teint de son sang, et écrivit sur son bouclier : *J'ai vaincu*, et se tua sur les corps de ses compagnons, ayant honte de leur survivre et de retourner seul à Sparte.

(Voyez Dictionnaire historique de Noël, page 402).

Ce beau marbre fit recevoir Sergell membre de l'académie de sculpture de Paris, le 30 janvier 1779; il provient de la collection de M. Evrard Rhoné.

MARIN (Joseph-Charles).

74 — Groupe représentant Agar et Ismaël, signé et daté de Rome en 1808.

On voit dans le Dictionnaire des artistes du XIXe siècle, par Cabet, que Marin a exécuté de nouveau ce même groupe pour le duc de Bracchiano en 1813.

BOIS SCULPTÉS.

500 75 — Fût de colonne blanc mat, avec des ornements en bois sculpté et doré. Style Louis XVI.

Ce fût, sur lequel repose le groupe en marbre de Marin, sera vendu séparément.

Plusieurs cadres dorés, des doubles boîtes fermant à clef et quelques chevalets, seront vendus au commencement de la vacation.

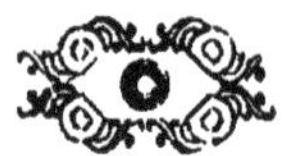

Maulde et Renou, Imprimeurs de la Compagnie des Commissaires-Priseurs, rue de Rivoli prolongée au coin de celle de l'Arbre-Sec. 8220

www.ingramcontent.com/pod-product-compliance
Ingram Content Group UK Ltd.
Pitfield, Milton Keynes, MK11 3LW, UK
UKHW020442220726
13923UKWH00005B/2292